Leipzig selbst machte einen
angenehmen Eindruck auf mich;
es ist eine große freundliche
Stadt …

Hans Christian Andersen 1831

Leipzig

für die Westentasche

⇚ ● ⇛

Ein Stadtgang von
Christel Foerster

VERLAG FÜR DIE FRAU
BUCH

Seite 2: Leipziger Wappen an der Alten Börse /Naschmarkt

ISBN 3-89798-109-2

Fotos/ Abbildungen:
Renate und Roger Rössing (Einband, S. 2, 6, 39, 59, 63, 85, 90, 96, 102, 105)
Punctum (S. 15, 33, 99, 107, 115)
Archiv der Autorin (S. 9, 11, 21, 27, 31, 37, 47, 53, 57, 79, 89, 93)
Katrin Bachmann (S. 45, 101)
Altenburger Spielkartenfabrik (S. 23, 123)
Hans-Dieter Gloger (S. 78)
Einband und Typografie:
Christine Paxmann
Reproduktion und Satz: J-J-Design
Druck: Klingenberg Buchkunst Leipzig
Bindearbeiten:
Müller Buchbinderei GmbH Leipzig

Printed in Germany
www.buchverlag-fuer-die-frau.de

Inhalt

Lipz –
das heißt Linde …

„Die Stadt Leipzig ist alter Herkunfft. Ungefehr sechs hundert Jahr nach Christi Geburt haben sich … ein slavonisch Volck, die Sorabi oder Sorben, Wenden genannt, niedergelassen, daselbst ihre Hütten gebauet und den Namen Lipz gegeben, weil damals an diesem Ort viel Linden gestanden, und das Lipz in Wendischer Sprache eine Linde heissen solle."

Martin Zeiller, 1642

Inmitten der fruchtbaren Leipziger Tieflandsbucht entstand die Stadt. Und zwar genau am Zusammenfluss von Weißer Elster, Pleiße und Parthe (es fließen durch Leipzig aber auch Luppe, Rietzschke und Zschampert), deren weite, sumpfige Auen die Landschaft prägten.

Noch bevor 1017 die erste Burg erbaut war, führte hier schon die königliche Via regia vorbei. Diese Hohe Straße sollte schon bald die bedeutendste Ost-West-Magistrale des ganzen Heiligen Römischen Reiches deutscher Nation werden. Sie verband nicht nur Frankfurt am Main mit Leipzig, sie war wichtigstes Teilstück einer von Paris bis Kiew reichenden europäischen Straße, sah Kaufleute, Reisende und Studenten, aber auch Raubritter und immer wieder Krieger.

Ähnliches ist von der in Nord-Süd-Richtung verlaufenden Via imperii zu sagen. Ihr Weg führt durch eine ältere Kaufmannssiedlung am Leipziger Brühl, dann durch die nach 1100 entstandene Reichsstraße mit der Nikolaikirche.

Herzkammer deutschen Binnenverkehrs

Als die Handelsstraßen den Anforderungen der industriellen Revolution nicht mehr genügten, sann man in Leipzig, der „Herzkammer des deutschen Binnenverkehrs, des Buchhandels und der deutschen Fabrikindustrie" (so der Nationalökonom und Eisenbahnpionier Friedrich List), auf neue Lösungen. Und so entstand zwischen Leipzig und Dresden die erste Eisenbahn-Fernstrecke Deutschlands. 1839 startete sie vom Dresdner Bahnhof (östlich des heutigen Hauptbahnhofs), der damals nur ein hölzerner

DOPPELSTOCKBUS UM 1914
AM VÖLKERSCHLACHTDENKMAL

„Personeneinsteigeschuppen" war. Lokomotive, in Einzelteilen verpackt, und Lokführer kamen aus England. Nach und nach legte man neue Eisenbahnlinien an und baute für sie insgesamt sechs eigenständige, nach der Zielrichtung benannte Bahnhöfe – wovon der Portikus und einige Reste des 1842 entstandenen Bayrischen Bahnhofs noch Zeugnis ablegen.
Mit dem Flugzeug konnte man seit 1913, als der „Luftschiffhafen Mockau" eröffnet wurde, nach Leipzig kommen; der Flughafen in Schkeuditz kam 1927 hinzu, damals noch unter dem Namen „Flughafen Halle-Leipzig". Die Anfahrt auf der Autobahn war erst zur Hitlerzeit möglich, es ist aber ein Gerücht, dass der Autobahnbau eine „ABM" war. In Sachsen

jedenfalls nicht. In Sachsen, wo 1932 die Arbeitslosenquote 38 Prozent (im „Reich“ 34 Prozent) betrug, also 720 000 Menschen Arbeit suchten, beschäftigte man bis 1938 pro Jahr höchstens 2500 Menschen beim Autobahnbau.

Das innerstädtische Verkehrswesen entwickelte sich seit 1841. Ein „Fiacre-Verein“ mit drei Dutzend Pferdefuhrwerken machte den Anfang, 1860 eröffnete ein Pferdeomnibus, 1872 eine Pferdeeisenbahn (die auf einer Gesamtschienenstrecke von knapp zehn Kilometern fuhr. Elektrisch seit 1896, seit 1910 sogar von einem Öfchen im Wageninnern beheizt. Den bis heute erhaltenen Namen „Bimmel“ hat die Straßenbahn von den Messingglocken für Warnsignale.

Stadt am Wasser

Beinahe wäre Leipzig auch eine richtige Seestadt geworden. Schon Friedrich August, 1806/27 Sachsens erster König, hatte von einem Kanal geträumt, der Leipzig mit der Saale verband. Der Leipziger Rechtsanwalt und Industriepionier Ernst Carl Erdmann Heine (1819-1888) hatte die gleiche Idee, gründete 1881 den Elster-Saale-Kanal-Verein und begann mit der Arbeit – bis 1896 waren tat-

WOHNEN AM WASSER: LOFTS IM HEUTIGEN PLAGWITZ AN DER WEISSEN ELSTER

sächlich 2,5 Kilometer der künstlichen Wasserstraße zwischen Weißer Elster und Saale fertiggestellt; auf die Gesamtlänge von 20 Kilometern wurde er in den dreißiger Jahren erweitert, 1938 auch um den Lindenauer Hafen. – Karl Heine ist es übrigens auch zu danken, dass die Bahnstrecke nach Zeitz über Lindenau und Plagwitz geführt wurde und sich dadurch weitere Industriebetriebe im Westen der Stadt ansiedeln konnten. Der Floßplatz erinnert noch heute daran, dass sich hier einst der Stapelplatz für Elsterfloßholz befand. Doch unter dem Motto „Was man nicht sieht, stinkt nicht" wurden die verdreckten, durch die Karbochemie von Böhlen und Espenhain verseuchten Mühlgräben nach 1951 unter die Erde verbannt. – Befördert vom Engagement eines Vereins und von ziemlich viel Geld, kommt die Pleiße seit 1990 aber wieder ans Licht.

Ausflugsfahrten gab's hier früher auch. Der Schauspieler Josef Kainz, der 1876/77 am Leipziger Theater engagiert war, berichtet von seiner Wasserpartie: *„Wir fuhren um sechs Uhr vom Floßplatz mit einer prachtvollen Gondel ab, hielten mitten im dichtesten Walde, durch den ja die Pleiße fließt, bei einer fliegenden Kneipe … und waren um acht Uhr in Connewitz … und fuhren dann beim Mondschein und Sternlicht … nach Leipzig zurück."*

Vom Marktflecken zur Großstadt

„Die Stadt ist viereckigt und hat im Umbkreiß 8954 Ellen …"

Bericht aus dem 15. Jahrhundert

Einst war das ganze Leipzig so groß wie die heutige Innenstadt, es hatte lediglich eine Fläche von 600 x 800 m. Die Zahl der Einwohner wuchs mit dem prosperierenden Handel nach 1500 schnell an.

1646 (im Geburtsjahr des Leipzigers Gottfried Wilhelm Leibniz): 14 000 Einwohner.

1723 (als Johann Sebastian Bach

nach Leipzig kam): 30 000 Einwohner.
1813 (Richard Wagner im Brühl 1-3 geboren): 35 000 Einwohner.
Zur Großstadt wurde Leipzig 1870: 101 272 Einwohner.
Und 1900, nachdem die Industrialisierung Leipzig nicht nur eine erhebliche territoriale Ausdehnung, sondern auch den Zuzug vieler Arbeitskräfte aus Schlesien, Polen und Böhmen eingebracht hatte, zählte Leipzig 456 156 Einwohner.
Die größte Einwohnerzahl hatte die Stadt (auf einer Fläche von etwa 140 km^2) zwischen 1930 und 1939: immerhin zwischen 700 000 und 713 000.
2003: 495 600 Einwohner auf 297 km^2 in zehn Stadtbezirken mit

63 Ortsteilen, die fast alle ihre historischen Namen behalten haben.

Mitte des 12. Jahrhunderts setzten sich die Markgrafen von Meißen in Leipzig fest, um 1165 verlieh Otto der Reiche (reich vom Freiberger Silber) Leipzig den Stadtbrief.
Münzrecht erhielt die Stadt 1273, geprägt wurden die Münzen auf dem Kauz (Grünewaldstraße/Roßplatz), ab 1660 in der Münzgasse, später an der Angermühle, auch auf der Pleißenburg. 1764 gab die als gute „Moneta Lipzk" in die Welt gekommene Münze ihr Eigenleben leider auf, nur die Notgeldscheine von 1919/20 waren wieder Eigenfabrikat.

Leipziger Stapelbezirk

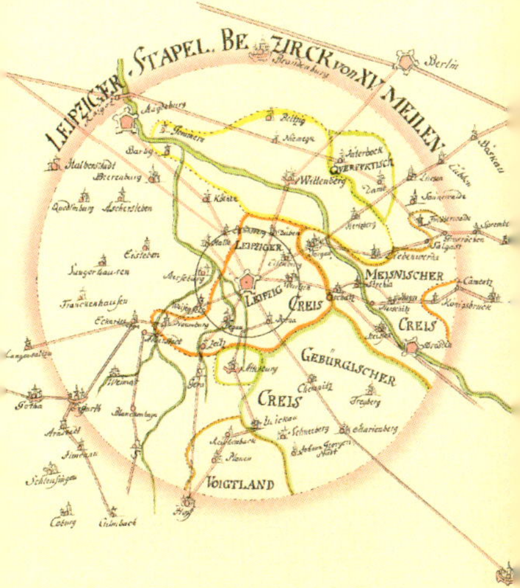
LEIPZIGER STAPEL. BEZIRCK von XV MEILEN
Berlin
Magdeburg
Halberstadt
Quedlinburg
Aschersleben
Wittenberg
Jüterbock
CHURKREIS
Halle
LEIPZIGER
LEIPZIG
CREIS
MEISNISCHER
CREIS
GEBURGISCHER
CREIS
VOIGTLAND
Chemnitz
Freyberg
Schneeberg
Plauen
Hof
Gotha
Erfurt
Weimar
Zeitz
Coburg

Von den drei Burgen, die um 1200 die Stadt beherrschten, blieb allein die Pleißenburg.

Stadtoberhaupt war zunächst ein vom Markgrafen bestellter adliger Vogt, der „auf seiner Burg" am Ostende des Brühls saß, die ministerialen Beamten „bewohnten" Ritterstraße und Burgstraße. 1213 war aber Schluss mit dem markgräflichen Vogt – ein Schultheiß, ein Bürgerlicher also, führte, zwar immer noch mit markgräflichem Segen, nun die Stadt – ab 1292 hieß er Bürgermeister.

Leipzig hatte bisher 143 Bürgermeister, seit 1877 heißen sie (mit einer Ausnahme) alle Oberbürgermeister.

Der 130. im Amt war Dr. jur. Carl Goerdeler, Oberbürgermeister vom 23.5.1930 bis 31.3.1937, seit 1935

Die ehemalige „Pleißenburg"

entschiedener Gegner der Rüstungspolitik, der Judengesetze und der NS-Kirchenpolitik. Während einer Auslandsreise ließ sein Stellvertreter am 9.11.1936 das Denkmal für Felix Mendelssohn-Bartholdy vor dem Gewandhaus beseitigen, Goerdeler trat zurück.

„Als Carl Goerdeler kurz nach seinem Rücktritt vor dem Beginn eines Donnerstagskonzerts das Leipziger Gewandhaus betrat, kannten Begeisterung und Beifall der Leipziger Bürger keine Grenzen mehr ..."

Fritz Bartsch

Carl Goerdeler gehörte ab 1939 zu den führenden Vertretern der Widerstandsgruppe des 20. Juli 1944. Am 2. Februar 1945 wurde er in Berlin-Plötzensee hingerichtet.

Messestadt Leipzig

Dresden hat den Hof, Leipzig aber das Geld …

Geflügeltes Wort bis ins 20. Jahrhundert

Markgraf Ottos Stadtbrief von 1165 hatte ausdrücklich festgelegt, dass im Umkreis von einer Meile kein anderer „Jahrmarkt“ als der von Leipzig abgehalten werden dürfe. Der

1618 1918 1919 1919

Stadtbrief ist also auch Geburtsurkunde der Leipziger Messe. Schon Ende des 15. Jahrhunderts überflügelte Leipzig die konkurrierenden Märkte in Erfurt, Halle und Magdeburg. Zur führenden Handelsstadt im mittleren Deutschland wurde sie durch die beiden Privilegien, die Kaiser Maximilian I. der Stadt 1497 und 1507 verlieh. Das Stapel- und Niederlagsrecht für Leipzig legte zugleich fest, dass in einem Umkreis von 15 Meilen (ca. 112 Kilometer) kein anderer Ort Märkte halten durfte.

Drei Messen pro Jahr, jede acht Tage lang, durften in Leipzig abgehalten

Das Ringmessehaus in den 60er Jahren – seinerzeit grösstes Textilmessehaus der Welt

DEDERON
RING MESSE

werden. Sie waren reine Warenmessen, erst 1895 ging man zur Mustermesse über, brachte also nicht mehr alle Verkaufswaren, sondern nur noch Muster nach Leipzig. Mit der Mustermesse entstanden dann auch die noch heute z.T. vorhandenen innerstädtischen Messehäuser (als erster „Meß-Palast" wurde 1896 das Städtische Kaufhaus eröffnet). Davor fanden die Messen auf dem Markt unter freiem Himmel und in den umliegenden Gewölben statt.

Seit 1996 gibt es das großzügige neue Messegelände im Norden der

1920 1921 1926 1946 um 1950

Stadt, die Messen finden nicht mehr in der engen Innenstadt statt.
Der Handel war es vor allem, der das Leipziger Bürgertum reich machte. Und selbstbewusst. Knickerig war man in Leipzig aber auch, wie wir von Johann Sebastian Bach wissen, der 1730 über sein geringes Leipziger Einkommen klagte. Denn Leipzig sei „ein sehr theurer Orth" …

Die Universitätsstadt

*„Mein Leipzig lob ich mir!
Es ist ein Klein-Paris
und bildet seine Leute!"*
Johann Wolfgang von Goethe

Es waren 46 Lehrer und 369 Studenten, die 1409 – von der deutschen Universität Prag vertrieben – in Leipzig eintrafen und die Universität begründeten. Das Große Kolleg befand sich in der Ritter-, das Kleine Kolleg in der Petersstraße. Voraussetzung für das Studium an der Theologischen, der Juristischen und der

Nicolaistrasse
Leipzig

Medizinischen Fakultät war der abgeschlossene Besuch der Artistischen (später Philosophischen) Fakultät.
Die sehr schlechten finanziellen Bedingungen für den Lehrbetrieb verbesserten sich erst nach der Reformation, als die Universität aus ehemaligem Klosterbesitz Gebäude, Ländereien und wertvolle Bücher (die Anfänge der Universitätsbibliothek) erhielt. 1543 bezog die Universität auch die Räume des aufgehobenen Dominikanerklosters und hat seitdem ihren Standort am Augustusplatz. Die Weihe der Paulinerkirche als Universitätskirche fand 1544 statt. – Die nach 1836 errichteten Universitäts-

Skyline von Leipzig:
Hochhaus und Turm des Neuen Rathauses

gebäude (mit dem von Albert Geutebrück und Karl Friedrich Schinkel entworfenen Augusteum) und auch die im Krieg völlig unversehrt gebliebene Paulinerkirche wurden im Sommer 1968 gesprengt.

Die von Lehrbeginn an herrschende geistige Enge konnte die Landesuniversität aber nicht durch die Reformation, sondern erst am Ende des 17. Jahrhunderts überwinden. Bis dahin vertrieb Orthodoxie den aufklärerischen Geist. Christian Thomasius musste sogar vor einem „Verhaftbefehl" aus seiner Heimatstadt fliehen, weil er seit Herbst 1687 – als erster deutscher Universitätslehrer überhaupt – seine Vorlesungen nicht mehr in lateinischer, sondern in deutscher Sprache hielt.

Leipzig und die Bücher

„Leipzig selbst machte einen angenehmen Eindruck auf mich; es ist eine große, freundliche Stadt … Ich glaube, in jeder Straße wohnen zwei bis drei Buchhändler; überall waren Regale mit Büchern …“

Hans Christian Andersen, 1831

Leipzigs weltweiter Ruf gründete sich auch auf das Buch, das in Leipzig hergestellte und das in Leipzig aufbewahrte Buch. Am Anfang, und zwar schon gleich nach Gutenbergs Erfindung, war der Buchdruck. Marcus

Brandis stellte nach 1481 schon mehr als 60 Druckwerke her, und die schnelle Verbreitung der Reformation hätte ohne Leipzigs Erstdrucker gar nicht stattfinden können.

1700 erschienen in Leipzig schon 276 Werke. 1825 kam es schließlich zu der gegen die deutsche Kleinstaaterei gerichteten Gründung des ersten Börsenvereins.

In diese Zeit fällt auch die Gründung später weltberühmter Verlage. Zwar gab es u.a. schon den Breitkopfschen Musikverlag (der seinen Namen von Johann Gottlob Breitkopf, dem Erfinder des Notendrucks mit beweglichen Typen hat). In schneller Folge betraten die Buchszene: Tauchnitz, Brockhaus, Teubner, Reclam, Meyer, Baedeker, Kippenberg ...

MESSETREIBEN AUF DEM MARKT UM 1850

Reclams „Universal-Bibliothek" machte von Leipzig aus ihren Weg, ebenso das „Conversationslexikon" von Brockhaus. Friedrich Arnold Brockhaus (dessen ältester Sohn Friedrich Richard Wagners Schwester Luise heiratete), war der Begründer einer ganzen Verlegerdynastie und auch des über Jahrzehnte größten Betriebes der Stadt, der riesigen Brockhaus-Druckerei zwischen Quer- und Salomonstraße.

1914-16 erbaut, sammelt die Deutsche Bücherei Leipzig alles seit 1.1.1913 erschienene deutschsprachige Schriftgut und ist damit eine einzigartige Präsenzbibliothek.

DIE KONKAV GESCHWUNGENE HAUPTFASSADE IST 120 METER LANG

DEUTSCHE
BÜCHEREI

Industrielles Leipzig

Leipzigs erste Fabrik, die Pfaffendorfer Kammgarnspinnerei, wurde 1830 gegründet (Standort Zoo). Die Königlich-Sächsische Hofpianofabrik Julius Ferdinand Blüthner eröffnete 1853, eine Eisengießerei und eine Fabrik für polygraphischen Maschinenbau gab es da schon, die Plagwitzer Fabrik für Landwirtschaftsmaschinen von Rudolf Sack kam 1863 hinzu.

Die bedeutendsten Industriegründungen stammen jedoch aus der Zeit

HERMES-FIGUR AM ROMANUSHAUS/BRÜHL

nach 1870/71. Unter ihnen die von Adolf Bleichert.

Bleichert produzierte Drahtseilbahnen, Elektrohängebahnen, Personenschwebebahnen und Verladevorrichtungen. Ein fahrbarer Kabelkran der Firma Bleichert & Co. kam 1912 beim Bau der Hindenburgbrücke (seit 1945 Landauerbrücke) am Elsterbecken zum Einsatz und auch bei der Errichtung des Völkerschlachtdenkmals. Aus der Gohliser Fabrik kam auch die erste „Zugspitzbahn" und die bis in eine Höhe von 4 700 Metern reichende „Kordillerenbahn" in Argentinien. Die Geschichte dieses bedeutenden Unternehmens, nach dem Krieg als volkseigener Betrieb fortgeführt, hatte nach 1990 ihr Ende.

Von den Kriegen bis zur friedlichen Revolution

„Napoleons Niederlage in der Völkerschlacht war am 18. Oktober 1813 besiegelt; am 18. Oktober 1989 trat Honecker zurück – beide scheiterten in Leipzig."

Wolfgang Schneider, 1990

Im Schmalkaldischen Krieg (1546/47) wurde Leipzig vergeblich belagert, die Vorstädte brannten jedoch fast alle ab.

Im Dreißigjährigen Krieg (1618-1648) belagerten und besetzten erst die kaiserlichen Truppen unter Tilly

und Wallenstein die Stadt (1631 und 1632), dann kamen die Schweden (1642), und blieben bis 1750.
Im Zweiten Schlesischen Krieg von 1744/45 besetzten preußische Truppen die Stadt.
Im Siebenjährigen Krieg (1756-1763) besetzten preußische Truppen mehrfach die Stadt, ihr oberster Befehlshaber, König Friedrich II., war zweimal höchstpersönlich in Leipzig.
In den endlos langen napoleonischen Kriegen wird Leipzig 1813 Schauplatz jener „Völkerschlacht", die Zehntausende Menschenleben auslöschte.
Im Krieg gegen Frankreich (1870/71) zog das 107. Infanterie-Regiment für Leipzig in „Feindesland".

Das Völkerschlachtdenkmal

Im Ersten Weltkrieg (1914-1918) kämpften Leipziger in der 3. (sächsischen) Armee gegen Frankreich.
Im Zweiten Weltkrieg (1939-1945) fielen fast 12 000 Leipziger Männer. Am 18. April 1945 wurde Leipzig durch amerikanische Truppen vom NS-Regime befreit. Nach Abzug der Amerikaner trafen am 2./3. Juli 1945 sowjetische Truppen in Leipzig ein – zum desillusionierenden Entsetzen der Bevölkerung mit Panjewagen. Und sie blieben – mehr als 40 Jahre.
Im Herbst 1989 wurde Leipzig zum Ausgangspunkt einer friedlichen Revolution, die sich auf die gesamte DDR ausweitete und ihr Ende einläutete.

BLICK ZUM KRIEGSZERSTÖRTEN MARKT 1945

Sprechchöre im Herbst 1989 auf dem Leipziger Ring

(eine kleine Auswahl)

Wir sind das Volk!

Erich, laß die Faxen sein,
hol die Perestroika rein!

Freie Wahlen ohne falsche Zahlen

Der Karren steckt zu tief im Dreck,
Die alten Kutscher müssen weg!

Privilegierte aller Länder,
beseitigt euch!

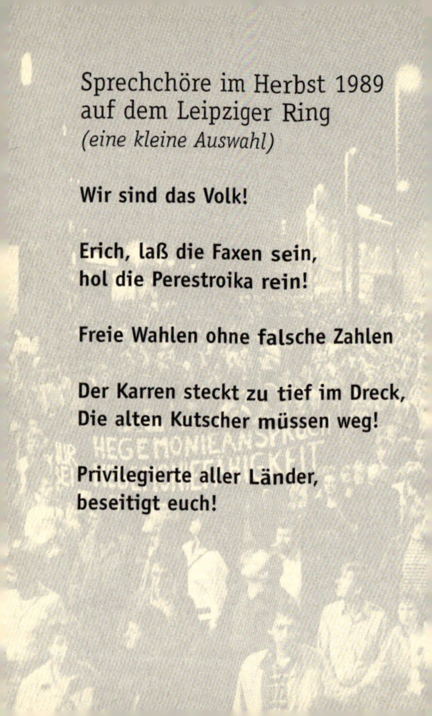

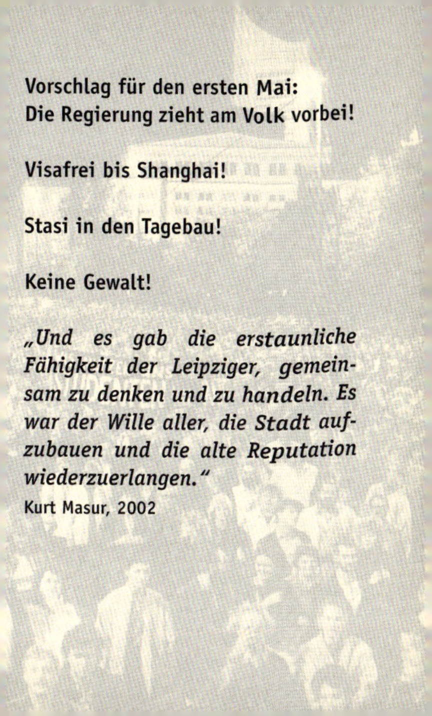

Vorschlag für den ersten Mai:
Die Regierung zieht am Volk vorbei!

Visafrei bis Shanghai!

Stasi in den Tagebau!

Keine Gewalt!

„Und es gab die erstaunliche Fähigkeit der Leipziger, gemeinsam zu denken und zu handeln. Es war der Wille aller, die Stadt aufzubauen und die alte Reputation wiederzuerlangen.“

Kurt Masur, 2002

Jüdisches Leben in Leipzig

„In unserer Stadt pflegte man über jede gute Ware Leipziger Ware zu sagen. Wenn der Mond in seiner ganzen Schönheit zu sehen war, sagte man in unserer Stadt: ein Leipziger Mond."

Nobelpreisträger S. J. Agnon, um 1920

Eine kleine jüdische Siedlung mit Synagoge und Schule hat es bereits im 14. Jahrhundert gegeben. Da Kurfürst Friedrich II. (der Sanftmütige) aber 1430 den Befehl zur Vertreibung der Juden aus Sachsen gab, erlosch diese Ansiedlung wieder. Als Steuern einbringende Messekaufleute waren sie indes immer geduldet, und mit der Zunahme des Osthandels wurde ihre Zahl stets größer.

Zu erneuter Ansiedlung kam es um 1800, der Geist der französischen Revolution hatte die Bestimmungen gegen das Sesshaftwerden von Juden gelockert. Die gesetzliche Gleichstellung der Juden erfolgte in Sachsen jedoch erst 1837 (in Preußen 1812). 1814 wurde im Johannistal ein erster Friedhof eröffnet – der zweite (heute: Alter Israelitischer Friedhof) erfüllte seine Funktion von 1864 bis 1928, der dritte (heute: Neuer Israelitischer Friedhof) wird seit 1928 belegt.

Zur Gründung der „Israelitischen Religionsgemeinde" kam es um 1834.

Zu der Zeit lebten etwa 300 jüdische Einwohner in der Stadt, ein großer Teil von ihnen am Brühl als Kürschner, Pelz- und Tuchhändler.
An der Central-Strasse (heute: Zentral-/Ecke Gottschedstraße) erfolgte 1855 die Einweihung des „Tempels", der vom Semperschüler Otto Simonson entworfenen Gemeindesynagoge. Sie hatte 1280 Sitzplätze und konnte 2000 Besucher aufnehmen (Abb.).
An der Stelle dieser 1938 vernichteten Synagoge ist 2001 ein ungewöhnliches Denkmal entstanden: Ein Feld aus bronzenen Stühlen zeichnet den Hauptraum der Synagoge nach, der Verlust gräbt sich ein ins Bewusstsein des Betrachters.
Mit der Entwicklung der Stadt wuchs auch die jüdische Einwohnerschaft.

1900 zählte die Religionsgemeinde 6171 Mitglieder, 1925 etwa 13 000 – die Leipziger Großgemeinde lag damit auf dem 6. Platz in Deutschland.
1933 lebten 11 564 jüdisch gläubige Menschen in Leipzig, das waren 1,6 Prozent der Gesamtbevölkerung.
1945: nur 169 Leipziger Juden überlebten den letzten Transport nach Theresienstadt. Krankheit, Alter und „Westflucht" brachte die Zahl auf 35. Zwischen 1990 und 2003 wuchs sie, vor allem durch Zuwanderung aus dem Osten, wieder auf 700 an.
Beim faschistischen Pogrom in der sogenannten „Reichskristallnacht" (9./10. November 1938) wurden allein im Zentrum Leipzigs die Gemeindesynagoge und sechs weitere Gotteshäuser, 200 Geschäfte, Woh-

nungen und Vereinslokale zerstört … Den Inhabern des Warenhauses Bamberger & Hertz (am Augustusplatz) wurde mitgeteilt, sie hätten ihr Warenhaus selbst angezündet …

Wer nicht emigrieren konnte oder sich zu spät dazu entschloss, starb in Lublin, Theresienstadt, Auschwitz, Dachau, Buchenwald.

Von den steinernen Zeugen der einstigen Leipziger Judenheit sind geblieben: die beiden genannten Begräbnisplätze, das von dem Rauchwarenhändler Chaim Eitingon 1928 gestiftete erste Israelitische Krankenhaus Sachsens, das von Max Ariowitsch gestiftete und von OBM Carl Goerdeler 1931 eröffnete Altersheim in der Auenstraße und die Synagoge in der Keilstraße 4.

Medizinisches Leipzig

„Die Familien besaßen zumeist einen ständigen Hausarzt, der eine Pauschale erhielt, wofür er nicht nur die in der Familie auftretenden Krankheiten zu behandeln, sondern auch die Verpflichtung hatte, von Zeit zu Zeit ungerufen sich nach dem Gesundheitszustand seiner Schutzbefohlenen zu erkundigen."

Albin Kutschbach, vor 1890

Schon in früher Zeit gab es in Leipzig zwei Hospitäler, und beide lagen – aus Angst vor Seuchen und Ansteckung – vor der Stadt.

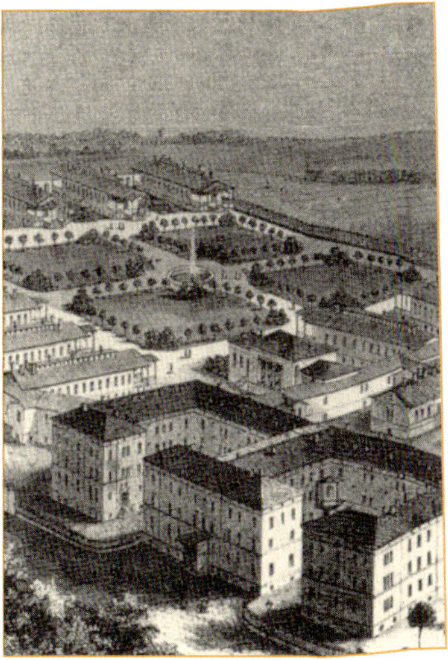

KRANKENHAUS ST. JACOB UM 1871

Das *Johannishospital* vor dem Grimmaischen Tor (wo seit 1926 das Grassimuseum seinen Platz hat) blieb hier bis zum Neubau (1853) einer größeren Anstalt in der Hospitalgasse. An das „alte Spittel" erinnert allein der (zur Gedenkstätte gestaltete) Alte Johannisfriedhof, der zwischen 1536 und 1846 Leipzigs einziger Begräbnisplatz war; man kann hier die Grabmale von Käthchen Schönkopf und von Mutter und Schwester Richard Wagners besuchen.

Das zweite, das alte *Jakobshospital,* war von Anfang an städtisches Eigentum. Und eigentlich begann hier die Geschichte des heutigen Universitätsklinikums.

ALTER JOHANNISFRIEDHOF - AUFERSTEHUNG

Die Medizinische Fakultät konstituierte sich – fast sechs Jahre nach der Universität – 1415, aber sie fristete lange Jahre ein kümmerliches Dasein. Das Einkommen der Lehrenden war schmal, die Zahl der Lernenden klein. Abgehalten wurden die Kollegien zunächst in einem Raum der Nikolaikirche, später in der Ritter- und in der Petersstraße bei den Theologen. Sektionen wurden zwar seit 1555 durchgeführt (z.B. in einem Raum im Kreuzgang der Paulinerkirche), zu einem anatomischen Hörsaal (im ersten Stock des Paulinums) brachte es die Fakultät aber erst 1704.
Die Chemie hielt, gefördert durch August den Starken, den ewig nach Gold suchenden Alchemiefan, 1710 Einzug – in ein winziges Laborato-

rium auf der Pleißenburg. Physiologie hörten die Adepten der Medizin indes schon seit 1531, Botanik seit 1584 – einen Botanischen Garten (den ältesten Deutschlands) gab es damals schon, seit 1878 in der Linnéstraße.
Im 18. Jahrhundert, als Leipzig zum „Marktplatz Europas" geworden war, hielt der Geist der Aufklärung auch an der Medizinischen Fakultät Einzug und brachte Ärzte von internationalem Rang hervor.
Einer von ihnen der „ungemein sanfte und freundliche" *Professor Ludwig*, an dessen Mittagstisch der Jurastudent Goethe saß und der die in Wien aufgekommene Untersuchungsmethode der Perkussion (Abklopfen des Körpers) in Leipzig einführte.

Ein anderer *Ernst Platner*. Mit ihm beginnt die gemeinsame Geschichte von Jakobshospital und Medizinischer Fakultät. Denn Platner führte die Unterweisung der Studenten am Krankenbett ein, eröffnete in St. Jakob ein Klinisches Institut (vier Betten) für entsprechende Demonstrationen.

1850, mit der Berufung des erst 35jährigen Professors *Carl Reinhold August Wunderlich*, begann in Leipzig die große Zeit der klinischen Medizin. Leipzig wurde nicht nur zum Mekka der naturwissenschaftlich orientierten Medizin, sondern bestimmte auf vielen Gebieten den internationalen Stand.

Bach-Fenster in der Thomaskirche

Und es entstand Leipzigs bald berühmtes Klinikviertel an der Liebigstraße (1860/79 Waisenhausstraße). Zuerst (1869) das von Carl Ludwig geleitete Physiologische Institut, 1871 konnte endlich auch das völlig marode alte Jakobshospital sein neues Domizil beziehen.

Wunderlich, sein Kollege Karl Thiersch und Oberbürgermeister Otto Koch waren die Väter des in Europa völlig neuartigen Krankenhauses. Zentrales Gebäude war das vorhandene städtische Waisenhaus. Neu erbaut wurden („massiv in Mauerwerk") Baracken mit Raum für (endlich nur) 24 Betten, beheizbar, mit Wasser, Licht und durch einen überdachten Gang verbunden. Dazu „Notbaracken" für Pockenkranke, alle notwendigen

Wirtschaftsgebäude und sogar zwei von Pferden gezogene Krankentransportwagen gab es.
Rund um dieses neue St. Jakob entstanden bis 1912 ein Dutzend weiterer Kliniken und Institute. – Das im Volksmund auch heute noch „Rotes Haus" genannte ehemalige „Siechenhaus" an der Philipp-Rosenthal-Straße (bis 1926 Windmühlenweg) eröffnete 1889.

Berühmte Leipziger Ärzte
(Auswahl)

Margarete Blank (1901-1945)
Weil sie Kriegsgefangene und Zwangsarbeiter in Tauchaer Lagern mit Medikamenten versorgte, wurde sie von den Nazis hingerichtet.

Max Bürger (1885-1966)
Bedeutender Diabetesforscher, arbeitete auch über Fettstoffwechselerkrankungen, über Physiologie und Pathologie des alternden Menschen.

Carl Siegmund Franz Credé
(1819-1892)
Einer der bedeutendsten Gynäkologen und Geburtshelfer im Deutschland des 19. Jahrhunderts. Direktor der Entbindungsanstalt und Hebammenschule (nach einer Stiftung „Triersches Institut" genannt) am Grimmaischen Steinweg.

Johann Nepomuk Czermak
(1828-1873)
Physiologe. Führte den Kehlkopfspiegel ein.

Samuel Hahnemann (1755-1843)
Arzt und Begründer der Homöopathie. Praktizierte 1812 bis 1821 in Leipzig.

Martin Herbst (geb. 1917)
Führte 1953 erste erfolgreiche Operationen am geschlossenen, seit 1955 auch am offenen Herzen durch.

Otto Heubner (1873-1926)
Mitbegründer der Kinderheilkunde in Deutschland. Gründete und leitete die 1891 eingeweihte Universitätskinderklinik. Seit 1894 in Berlin tätig.

Wilhelm His, sen. (1831-1904)
Seine „Anatomischen Forschungen über J. S. Bachs Gebeine und Antlitz" machten es dem Bildhauer

Carl Seffner möglich, das Bachdenkmal an der Thomaskirche zu schaffen.

Gerald Leutert (1929-1999)
Langjähriger Direktor des Anatomischen Instituts, 1990/91 auch Rektor der Leipziger Universität.

Carl Ludwig (1816-1895)
Physiologe, erfand das „Kymographion", das die Messung und Aufzeichnung von Blutkreislauf und Blutdruck ermöglichte.

Daniel Gottlob Moritz Schreber (1808-1861)
Praktischer Arzt und Leiter einer „Krankengymnastisch-orthopädischen Privatheilanstalt".

Ließ städtische Kinderspielplätze einrichten. Die Schrebergartenbewegung ist nicht von ihm gegründet, geht aber auf seinen Namen zurück.

Willmar Schwabe (1839-1917)
Arzt, Apotheker, Homöopath und pharmazeutischer Unternehmer, Mitbegründer und 1892-1904 Vorsitzender der AOK Leipzig.

Karl Thiersch (1822-1895)
Pionier der Tumorforschung und der plastischen Chirurgie.

Carl Reinhold August Wunderlich (1815-1877)
Führte das Fieberthermometer im klinischen Alltag ein.

Apotheken

Apotheken gab es im alten Leipzig natürlich auch, aber bis zum Jahre 1709, als die Adler-Apotheke öffnete, waren es nur drei.
Als älteste entstand 1409 die *Löwenapotheke;* die heutige in der Grimmaischen Straße 19 hat aber nur noch den Namen mit der alten gemeinsam. Ihren ersten Standort hatte sie am Markt/Ecke Thomasgäßchen (Markt 15), 1592 zog sie in die Grimmaische Straße 22 um.
1475 öffnete als zweite die *König-Salomon-Apotheke.* Ihre erste Adresse lautete Grimmaische Straße 13, ihre letzte Peterskirchhof 7 (Stentzlers Hof), wo sie kurz vor dem Ende der DDR für immer schloss.

Die dritte Apotheke von 1520 hieß erst Mohren-, dann *Engelapotheke* und hatte ihren Sitz am Naschmarkt. Erst 1709 konnte in der Hainstraße 9 der Apotheker Nicolaus Jerre, berechtigt durch eine von August dem Starken unterzeichnete Stiftungsurkunde, die vierte Leipziger Apotheke eröffnen. In Dankbarkeit für den polnisch-sächsischen Herrscher *„Zum weißen Adler"* genannt, heute schlicht *Adler-Apotheke.*

Sie ist in die deutsche Literatur eingegangen. Theodor Fontane arbeitete hier 1841/42 als Apothekergehilfe und berichtete darüber höchst kurzweilig in seiner Autobiographie „Von Zwanzig bis Dreißig".

Leipzig und der Sport

„Wer zu viel in dem Wagen sitzt, mit dem kann es nicht ordentlich gehen. Wo alles zu viel fährt, geht alles sehr schlecht, man sehe sich nur um."

Johann Gottfried Seume, 1810

Die Turnerei, auch anderer Sport, erfreute sich immer schon großer Beliebtheit in der Stadt. Sogar bei den berühmten Durchreisenden.

Der Student Klopstock liebte das Fechten und Reiten, und geradezu versessen war er aufs Schlittschuhlaufen, das er „Schrittschuhlaufen" nannte. Schiller begnügte sich wohl mit dem Kegeln. Seume war viel auf den Beinen, aber nicht nur bis Syrakus. 1797, als er in Grimma beim Verleger Göschen arbeitete, lief er manches Mal vom Leipziger Markt (wo er wohnte) an den Arbeitsplatz.

Seume war auch Angler und badete gern in der Pleiße. Fontane badete täglich in der von seinem Chef, dem Apotheker Neubert, neu angelegten Schwimmanstalt an der Elster (das Schreberbad entstand erst 1866). Hans Fallada, der 1909, als sein Vater Wilhelm Ditzen, Richter am Reichsgericht war und er selbst das Königin-Carola-Gymnasium besuchte, kurvte im Leipziger Süden mit dem Fahrrad durch die Straßen.

Und Annemarie Renger, 1972/76 Prä-

sidentin des Deutschen Bundestages, war das Turnen sogar schon in die Wiege gelegt, denn die stand in der Fichtestraße 36, wo der Arbeiter-Turn-und-Sportbund in Person ihres Vaters seinen Sitz hatte.
Das richtige Turnen wurde natürlich von Friedrich Ludwig Jahn in der Berliner Hasenheide erfunden. Aber Leipzig hat auch einen Turnvater: Dr. med. Ferdinand Goetz (1826-1915). 60 Jahre wohnte und praktizierte er in Altlindenau (heute: Lützner Straße 11), beliebt bei den Leuten, politisch erst „48er", später für „Kaiser, König und Vaterland", ein Todfeind von Sozialdemokratie und Arbeitersport.
Von 1860 bis zu seinem Tod stand Goetz an der Spitze der deutschen

DRITTES ALLGEMEINES DEUTSCHES TURNFEST
1863 IN LEIPZIG

Turnerschaft. Und im Sommer 1863, als über 20 000 Turner zum „Dritten Allgemeinen Deutschen Turnfest" nach Leipzig kamen, hielt er eine der Festreden.

Das 12. Turnfest, 1913 in Leipzig, hatte schon 63 000 Teilnehmer, und 1922 trafen sich, erstmals nach dem Krieg, sogar 100 000 – dieses Fest hatte jedoch einen neuen Charakter und hieß deshalb „1. Arbeiter- Turn- und Sportfest"; auf diese Tradition berief sich später die DDR.

Von 1954 bis 1987 war Leipzig Austragungsort von acht Sportfesten - seit 1963 hießen sie aber nicht mehr „Deutsches Turn- und Sportfest", sondern (wie es die propagierte Zweistaatentheorie wollte) „Turn- und Sportfest der DDR".

Die 90 000 Aktiven, die im Mai 2002 in die schon von Olympia träumende Sportstadt kamen, trafen sich wieder zum „Deutschen Turnfest".

In der Gaststätte Mariengarten (Karlstraße 10) fassten am 28. Januar 1900 36 Delegierte den Entschluss, den „Ersten Allgemeinen Deutschen Fußballtag" zu gründen - und damit begann die Geschichte des DFB, des Deutschen Fußball-Bundes. Auch die Austragung einer Deutschen Fußballmeisterschaft wurde beschlossen.
Welch ein Triumph für den Leipziger VfB (dessen Wurzeln bis 1893 reichen), dass er gleich die allererste Siegestrophäe, eine bronzene „Victoria", gewinnen konnte: 7:2 war der Endstand beim Spiel in Altona gegen

den DFC Prag. Auch den zweiten und den dritten Meistertitel konnte der VfB gewinnen (1906, 1913). Auf der Woge dieses Erfolges entstand das 1922 eingeweihte VfB-Stadion in Probstheida.

Bei Kriegsende hatten die Alliierten auch die Auflösung der Sportvereine verfügt, doch ging es beim VfB weiter mit dem Fußball – unter verschiedenen neuen Namen, seit 1966 als 1. FC Lokomotive.

Fünfmal gewann die Elf den DDR-Fußballpokal. Aber nie den Meistertitel. Den holte sich, zweimal sogar, eine andere Leipziger Fußballmannschaft, die BSG Chemie aus Leutzsch. Da Lok als Parteibetrieb, Chemie als das glatte Gegenteil galt, setzten die Leipziger Fußballfans auf Chemie, wallfahr-

VfB Leipzig
3

teten in den Georg-Schwarz-Sportpark von Leutzsch und schrie'n dort, die Staatsmacht provozierend: „Nur ein Leutzscher ist ein Deutscher." – Seit 1990/91 heißen die beiden Vereine VfB und FC Sachsen, der Krieg der Fans hält an, eine Meisterschaft ist nicht in Sicht.
Der in der Welt bekannteste Leipziger auf dem Fußballrasen war natürlich Rudi Glöckner (1929-1999), der renommierte Schiedsrichter. Er pfiff u. a. das WM-Endspiel 1970 in Mexiko.

„Jedermann an jedem Ort, einmal in der Woche Sport!" war einer der Kernsätze des in Leipzig geborenen und aufgewachsenen Walter Ulbricht (1893-1973), und er predigte den nicht nur. Ulbricht veranlasste schon

1950, dass in seiner Vaterstadt die „Deutsche Hochschule für Körperkultur" (DHfK) gegründet wurde, die Wissenschaftler, Sportlehrer und Trainer ausbildete und wegen der hier besonders hohen Zahl ausländischer Studenten zu einem nützlichen Organ der DDR-Außenpolitik wurde.

Auch das Zentralstadion, 1954/56 errichtet, ging auf eine Idee Ulbrichts zurück. Wohin auch sonst mit den riesigen Bergen von Trümmerschutt des Krieges aus der Leipziger Innenstadt? Und so entstand im alten Überflutungsgebiet der Elster das „Stadion der Hunderttausend".

In Vorbereitung sportlicher Höhepunkte im 21. Jahrhundert wurde es völlig umgebaut und steht für internationale Wettkämpfe bereit.

Alte Waage
1555 von Hieronymus Lotter errichtet; ursprünglich Waagamt, Ratsschank, Herrentrinkstube und Poststübchen.

Alte Nikolaischule
Bestand von 1512 bis 1872; zuerst Lateinschule zur Vorbereitung auf die Universität; berühmteste Schüler: Gottfried Wilhelm Leibniz, Christian Thomasius, Richard Wagner.
1872 Übersiedlung in die Neue Nikolaischule (im Krieg zerstört); berühmte Schüler hier: Karl Liebknecht, Georg Witkowski, Hans Reimann.

Alte Börse

1678/79 als Versammlungshaus der Kaufleute erbaut; Handelsgewölbe im Erdgeschoss, im Obergeschoss der Börsensaal für Geldgeschäfte (heute schöner Saal für Kulturveranstaltungen).

Altes Rathaus

1556 von Hieronymus Lotter erbaut; erstes Renaissance-Rathaus Deutschlands; Barockturm von 1744. Bis 1905 Sitz der Stadtverwaltung.
Vom Turmbalkon forderte im März 1848 der als Theatersekretär in Leipzig lebende Demokrat Robert Blum Wahlrecht, Presse- und Glaubensfreiheit, Geschworenengerichte und: „Einschränkung der übermäßig teuren Landesverwaltung und des unnüt-

zen Soldatenspiels und Verwendung des Ersparten" für die Armen.

Barthels Hof
Der letzte erhaltene Handelshof aus der Frühzeit der Messe; 1523 erbaut, seit 1746 im Besitz des Kaufmanns Johann Gottfried Barthel.

Blechbüchse
1908 als „Kaufhaus am Brühl" erbaut, im Krieg schwer beschädigt; nach dem Wiederaufbau 1966/68 „Blechbüchse" genannt, weil die Kalksteinfassade jetzt eine fensterlose Aluminiumverkleidung erhalten hatte. Zu DDR-Zeiten Konsument-Kaufhaus.

Clara-Zetkin-Park
Gehört zur Leipziger Auenlandschaft; 1955 als Volkspark eröffnet, besteht aber aus den älteren Anlagen „Johannapark", „König-Albert-Park" und „Palmengarten".

Fregehaus
Von Gregor Fuchs 1706/07 erbaut; kam 1782 in den Besitz des Bankiers Christian Gottlob Frege (1715-1781), der viele Münzgeschäfte für den sächsischen Hof betrieb.

Gewandhaus zu Leipzig – die Bauten 1, 2, Interim und 3
1.: hatte seinen Sitz zwischen Universitätsstraße und Neumarkt, wo früher die Gewandschneider ihre Produkte verkauften und dann das Zeug-

haus stand; der Konzertsaal entstand 1780/81 mit 500 Plätzen – nach einem Umbau 1842 hatte er 1000 Plätze;
2.: 1882/84 auf dem Areal des damaligen Botanischen Gartens errichtet; 1500 Plätze im Großen Saal, 700 Plätze im Kammermusiksaal; Eröffnung am 11.12.1884 mit Beethovens „Neunter" und mit einer Panne: Genau in dem Augenblick, als König Albert den Saal betrat, fiel die – für Leipzig völlig neuartige – elektrische Beleuchtung aus.
Vor diesem 2. Gewandhaus stand seit 1892 jenes von Werner Stein geschaffene Mendelssohndenkmal, das die Nazis bei Nacht und Nebel abrissen und dann vernichteten.
Am 20. Februar 1944 durch Bomben

zerstört. Für die Rettung hatten die Leipziger viel Geld gesammelt, doch am 29. März 1968 erfolgte die Sprengung der Ruine.
Interim: 1945 im Kino „Capitol", von 1946 bis 1981 in der Kongresshalle am Zoo.
3.: verdankt seine Errichtung der Hartnäckigkeit von Kurt Masur, Gewandhauskapellmeister seit 1970, und den Plänen des Leipziger Architekten Rudolf Skoda; Eröffnung des Neuen Gewandhauses am 8. Oktober 1981 mit Siegfried Thieles „Gesänge an die Sonne" und Beethovens „Neunter".

PROF. KURT MASUR,
RADIERUNG VON ARND SCHULTHEIß

Gohliser Schlößchen
1755/56 für den Leipziger Kaufmann und Ratsherrn Caspar Richter im Barockstil erbaut und später von Adam Friedrich Oeser ausgeschmückt. Zur Schillerzeit galt es als „Musenhof am Rosental".
Seit 1906 in städtischem Besitz, hatte es nach 1945 eine wechselvolle, doch 1998 glücklich beendete Baugeschichte. Weiterhin Sitz der Musen, mit Gastronomie.

Hauptbahnhof
Kopfbahnhof; 1902/15 nach Plänen von William Lossow/Max Hans Kühne errichtet. Grundfläche 85 000 m^2, 26 Bahnsteige, Länge des Empfangsgebäudes 298 Meter, Länge des Querbahnsteigs: 270 Meter. Nach dem

Umbau 1996/97 auch Einkaufszentrum mit 30 000 m^2 Verkaufsfläche – von den Leipzigern deshalb auch „Kaufhaus mit Bahnanschluss" genannt (historische Ansicht S. 93).

Karl-Liebknecht-Straße
Im Volksmund „Karli", beliebte Szene- und Kneipenmeile in der Südvorstadt.

Kohlrabizirkus
So heißt die 1928/29 errichtete Großmarkthalle im Volksmund.

Kleinmesse
Riesiger Jahrmarkt mit Karussells, Schießbuden und Marktschreiern – der berühmteste war „Seifert's Oskar" (1861-1932); ursprünglich auf dem

Königsplatz (nun Wilhelm-Leuschner-Platz), seit 1907 auf dem Neuen Meßplatz (bei der heutigen „Arena“), von 1937 bis heute am Cottaweg.

Mendelssohnhaus

Felix Mendelssohn-Bartholdy (1809-1847), war 26 Jahre alt, als er Gewandhauskapellmeister wurde. 1845 bezog er die erste Etage des neu erbauten Wohnhauses Königstraße 5 (heute: Goldschmidtstraße 12), wo er u. a. den „Elias“ schrieb. Dank des zähen Einsatzes von Kurt Masur und viel gespendetem Geld wurde das heruntergekommene Haus in den 90er Jahren eine Erinnerungsstätte für Mendelssohn und eine Begegnungsstätte von Musik und Geist.

Neue Messe

Am 12. April 1996 eingeweiht; besteht aus fünf Ausstellungshallen mit je 20 500 m^2, einer Eingangshalle („Glasschüssel“ genannt) und einem

Kongress Center. Symbol der Neuen Messe ist der 85 Meter hohe Messeturm mit dem vom Leipziger Grafiker Erich Gruner 1917 entwickelten Doppel-M (= Mustermesse). Die Neue Messe richtet keine Universalmessen mehr aus, sondern Fachmessen.

Neues Rathaus

Von Stadtbaudirektor Hugo Licht 1899/1905 auf dem Gelände der alten Pleißenburg errichtet. Grundfläche 10 000 m^2. 600 Räume.

Nikolaikirche

Benannt nach dem Schutzpatron der Kaufleute, dem Heiligen Nikolaus; gegründet 1165. Die äußere Form als spätgotische Hallenkirche erhielt sie 1513/25, die frühklassizistische Innenraumgestaltung erfolgte 1784/97.

In der Welt auch bekannt als Stätte der „Montagsgebete“, die zu einem der Ausgangspunkte der friedlichen Revolution von 1989 wurden.

Paulinerkirche (Universitätskirche) Ersterwähnung 1240 als Kirche des Dominikanerklosters St. Pauli. 1544 von Martin Luther als evangelische Universitätskirche geweiht. Tiefgreifender Umbau 1897/99 durch den Leipziger Architekten Arwed Rossbach. Seitdem prägte die eindrucksvolle neugotische Chorfassade das Stadtbild.
Obwohl im Krieg völlig unzerstört, musste die Kirche der „sozialistischen

INNENRAUM DER NIKOLAIKIRCHE

Umgestaltung" des ganzen Platzes weichen und wurde am 30. Mai 1968, 10 Uhr, gesprengt.

Reichsgericht
Leipzig wurde 1877 Sitz des Reichsgerichts, deshalb wurde 1885/95 auch das Reichsgerichtsgebäude errichtet. Ausmaße: Längsfronten 126 Meter, Seitenfronten 76 Meter, Kuppelhöhe 63 Meter, Höhe der „Justitia"-Figur 5,5 Meter. Bei Eröffnung gab es 301 Räume, 11 Säle und einen Hauptverhandlungssaal; hier fand 1933 der berüchtigte Reichstagsbrandprozeß statt.
Nach jahrzehntelanger Nutzung u.a. als Bildermuseum ist es jetzt Sitz des Bundesverwaltungsgerichts.

Die Pleisse vor dem Reichsgericht

Romanushaus
1701/03 als prächtiges Wohnpalais für den Bürgermeister F. C. Romanus von Gregor Fuchs erbaut. Im 2. Stock befand sich 1772/94 „Richters Coffee Haus", in dem Friedrich Schiller mehrmals Gast war.

Rosental
„Lustwald der Leipziger", Landschaftspark seit 1837.

Russische Kirche
Zum Gedenken an 22 000 gefallene russische Soldaten am 100. Jahrestag der Völkerschlacht geweiht (Foto).

Scherbelberg
Befindet sich im Rosental – 1887/ 96 aufgeschüttet aus Leipziger Hausmüll. Mit Aussichtsturm.

Schillerhaus

Friedrich Schiller wohnte hier von Mai bis September 1785. Hier entstand die erste Fassung vom „Lied an die Freude“.

Das Haus gehörte damals dem Bauern

Christoph Schneider. Dass es erhalten blieb, ist Robert Blum und dem von ihm 1842 gegründeten Schillerverein zu danken. – Kleines, beeindruckendes Museum (Foto).

Thomaskirche

1212 als Klosterkirche der Augustiner entstanden. Das heutige Äußere als obersächsische Hallenkirche der Spätgotik erhielt sie 1482/96. Das weitausladende Dach (Firsthöhe 45,75 Meter über der Straße, 62 Grad Neigung, Dachfläche 2520 m^2) zählt zu den steilsten und größten Kirchendächern Deutschlands.

Pfingstsonntag 1539 wurde in dieser Kirche mit einer Predigt von Martin Luther die Reformation in Leipzig eingeführt.

In dieser Kirche wirkte Johann Sebastian Bach vom 5.5.1723 bis zu seinem Tod am 28.7.1750 als Thomaskantor, und hier erhielt er an seinem 200. Todestag seine letzte Ruhestätte.

Thomanerchor

Seine Geschichte beginnt mit der 1254 erstmals erwähnten Thomasschule, aber nicht alle Schüler konnten singen – zur Bachzeit waren es 50 bis 60 Choristen, die im Alumnat der Thomasschule (damals neben der Kirche) wohnten. „So ein Chor haben wir in Wien, und hat man in Berlin und Prag nicht", soll Mozart, der 1789 in Leipzig war, gesagt haben.

THOMASKIRCHE UND BACHDENKMAL
(VON C. SEFFNER 1908)

JOHANN

Völkerschlachtdenkmal

Erster Spatenstich: 18.10.1898/ Grundsteinlegung: 18.10.1900/Weihe: 18.10. 1913.

Bei der Weihe waren u.a. anwesend: Kaiser Wilhelm II., Reichskanzler von Bethmann-Hollweg, König Friedrich August III. von Sachsen, Großfürst Kyrill von Rußland, Erzherzog und Thronfolger von Habsburg Franz Ferdinand, Prinz Wilhelm von Schweden, Tausende Mitglieder von Krieger- und Turnvereinen, die gesamte Leipziger Studentenschaft ... Die bombastische Feier endete mit dem Gesang der ersten Strophe des „Deutschlandliedes", das aber erst 1922 zur Nationalhymne wurde.

Der Zoo – Liebling der Leipziger

ZOOLOG. GARTEN

Zoo

Pfingsten 1878 vom Gastwirt Ernst Pinkert (1844-1909) als sechster Zoo Deutschlands eröffnet. Seit 1920 in städtischem Besitz. Jahrzehntelang berühmt durch seine Löwen- und Tigerzucht. Unter den 1925/30 entstandenen Anlagen befindet sich das damals erste Freigehege der Welt: das Große Dickhäuterhaus, in dem u.a. der 2002 in Leipzig geborene Elefantenbulle Voi Nam lebt.

Heutige Größe der Zooanlage: Fläche 22,5 ha, Bewohner 940 Arten.

Die völlige Umgestaltung nach Tier-Lebensräumen der Kontinente soll bis 2015 erfolgen, fertig gestellt ist „Pongoland", das neue Zuhause der Menschenaffen.

Gastliches Leipzig

„Wir haben gestern Besuch gekriegt. Meine Wirtin und ich. Meßbesuch. – Seit einer Woche räumen wir deswegen um: Aus der guten Stube haben wir zwei Schlafzimmer gemacht, dadurch, daß wir eine Leine quer hindurchzogen. – In der Küche sind ein Bett, eine Chaiselongue und ein Sofa aufgeschlagen worden. – Meine Wirtin sagt, sie wolle auf dem Korridor im Stehen schlafen …"

Erich Kästner, 4. März 1923

Bei dem Handel und Wandel war es nun wirklich kein Wunder, dass sich auch das Gastwirtsgewerbe schon im 16. Jh. zu erster Blüte erhob.
Neunzig Gasthöfe gab es damals in dem kleinen Geviert.
Und natürlich hatten die Wirte nicht nur ihre Gäste zu beherbergen und zu beköstigen. Sie mussten sich auch um die Pferde kümmern, mit denen z.B. ein Kaufmann angereist war: Stallung, Hafer und Stroh musste der Gastwirt natürlich auch stellen.
Als dann die Bahn und endlich auch das Auto erfunden waren, kamen neben den Kaufleuten auch immer mehr Messe-Gucker („Sehleute" genannt) in die Stadt. Doch für alle reichten die neu entstandenen Hotel- und Pensionsbetten in Messe-Stoß-

zeiten nicht aus (vom Preis mal ganz abgesehen). Also sprang die Messewirtin ein. Sie vermietete - natürlich für Geld – jeden denkbaren Winkel. 1923, als zur Frühjahrs- und Herbstmesse allein nur aus Deutschland 266 000 „Messeonkels" (beiderlei Geschlechts) nach Leipzig reisten, löste man die Quartierfrage so wie bei dem S. 109 zitierten Erich Kästner. Auf ähnliche Weise wurde die Messevermietung zu DDR-Zeiten geregelt, zumal die Hotelbetten nicht einmal für alle VIPs von Messe, Presse und Kulturprogramm reichten. Und vermietet wurde natürlich auch für Geld. Am liebsten für Westgeld. – Die Leipziger waren eben schon immer ein fichilantes Völkchen, pfiffig auf den Vorteil bedacht.

Und wo kehrt(e) man ein?

Auerbachs Keller

Eine legendäre, weltbekannte Gaststätte. Der Name geht zurück auf den Ratsherrn und Medizinprofessor Dr. Heinrich Stromer, der 1497 als Student nach Leipzig kam und 1530/38 den stattlichen Auerbachs Hof errichten ließ. In dessen Kellergewölbe kam jene Weinschänke, in der Ostern 1525 der Doktor Faustus dem Kellerwirt ein gefülltes Weinfass abgeluchst haben soll. Und durch Goethe weltberühmt wurde.

1911 kaufte Deutschlands „Kofferkönig" Anton Mädler das ganze Anwesen und errichtete an seiner Stelle die elegante „Mädlerpassage" – der Keller blieb nach Protest der Leipziger erhalten. Und so gibt es ihn, größer sogar, noch heute. Die von Matthieu Molitor geschaffenen Bronzen von Faust, Mephisto und den verzauberten Zechern weisen dem Gast den Weg.

Burgkeller

Er ist Leipzigs ältestes, bereits 1419 genanntes Restaurant. Bis 1839 hatte es das Privileg für den Bierausschank, die Zunftmeister verkehrten hier. – 1907 wurden Burgkeller und zwölf benachbarte Grundstücke abgerissen. Bis 1909 entstand auf dem Areal das Messehaus „Handelshof", in dem sich der Burgkeller neu etablierte.

Kaffeebaum

Hier trinkt man Kaffee seit 1711. Zur großzügig ausgebauten Kaffeeschänke „Zum Arabischen Coffee Baum" wurde er 1717 durch den kurfürstlich-sächsischen & königlich-polnischen Hofchocoladier Johann Lehmann. Seit 1742 gibt's im Kaffeebaum auch Bier, seit 1800 auch andere Getränke und Speisen. Seit 1999 sogar ein sehr sehenswertes Kaffeemuseum (Foto).

Thüringer Hof

Im Vorgängerbau von 1454 war eine „Studentenburse" (eine frühe Art WG) untergebracht, bald auch eine Bierwirtschaft, in der Studenten verkehrten. 1838 kaufte der aus Thüringen stammende Gastwirt Friedrich Pietzsch das Gebäude und machte

COFE BAUM.
4

daraus das Gasthaus „Thüringer Hof". 1888 um zwei Nachbargrundstücke erweitert und im Innern reich ausgestattet, wurde er zu einem Wirtshaus studentischer Korporationen und dann auch zu einer volkstümlichen Großgaststätte. In den Besitz der Würzburger Hofbräu AG kam das gesamte Anwesen 1911.

Zill's Tunnel

Ein Bierausschank war hier schon 1785, wegen der niedrigen Decke auch Biertunnel genannt. Seit 1841 heißt er, nach seinem damaligen Besitzer, Zill's Tunnel. Das heutige Restaurant ließ der Plagwitzer Brauereibesitzer Naumann 1887/88 errichten.

Der sächsische Dialekt in Leipzig

„Solange noch mei Gaffeedobb
Schteht in dr Ofenrähre,
Find ich de ganze Welt dibbdobb,
Da schert mich gee Gemähre."

Aus: Lene Voigt, Hymne an den Kaffee

In Leipzig spricht man sächsisch. In Dresden und Chemnitz natürlich auch, aber dort klingt das Sächsische völlig anders, jedenfalls für Kenner. Da das Land zwischen Elbe und Saale seit dem 6. Jahrhundert von den westslawischen Sorben besiedelt war, sprach man hier anfangs sorbisch –

wie es z.B. Leipzigs alter Name Lipzi (vom Altsorbischen Lipa = Linde) bezeugt.

Nach 1100 begann die planmäßige Besiedlung der Mark Meißen durch Bauern aus dem altdeutschen Raum. Bis 1150 sollen etwa 200 000 Menschen eingewandert sein, die landesweit etwa 4000 neue Dörfer gründeten. Das Nebeneinander von slawischer und deutscher Siedlung ist auch im Alt-Leipziger Umkreis bis heute erkennbar: Die heutigen Ortsteilnamen Connewitz, Eutritzsch und Möckern gehen auf das Slawische, Paunsdorf, Probstheida und Thonberg auf das Deutsche zurück.

Um 1300 haben in der Mark Meißen etwa 320 000 Deutsche und 80 000 Slawen gelebt. Die Verschmelzung der verschiedenen ethnischen Gruppen zum obersächsischen Volksstamm war im Gang. Und es entstand das obersächsische Deutsch – jene sächsische Kanzleisprache, der Luthers Bibelübersetzung folgte und aus der die neuhochdeutsche Literatursprache hervorging, die im Leipzig des 17./18. Jahrhunderts sogar ihre erste Blüte erlebte.

Dialekt und Hochsprache standen sich in Sachsen besonders nah, zum Verwechseln nah. Der Fremde hielt das, was er hörte, für häßliches, fehlerhaftes Deutsch. Der Einheimische aber begreift auch heute noch nicht ganz, weshalb seine Mundart kein Hochdeutsch sein soll.

„Ein einziges Mal in der sächsischen Kummergeschichte ist Sächsisch nicht die Sprache der Verlierer gewesen. Sie erinnern sich: 'Wir sind das Volk' war vor allem auf sächsisch gerufen worden."

Thomas Rosenlöcher, 1997

Die wichtigsten Sprachregeln

1. Sächsisch gehört zu den erheiternden Sprachen und eignet sich deshalb besonders zum öffentlichen Vortrag.

2. Wer noch üben muss – bitte immer daran denken: De Weichen besiechen de Harden! Das heißt: Die Buchstaben p, t, k werden ausgesprochen wie b, d, g.

3. Die bestimmten Artikel heißen där oder dr, die, das: där Gärl (der Kerl), dr Rächenschärm (der Regenschirm).
4. Die unbestimmten Artikel heißen ä (männlich und sächlich) und änne (weiblich): ä Glabbsmann (Blödmann), änne Gadze (eine Katze).

Kleines Wörterbuch

ä Behelfchen: sich ein Behelfchen machen, einen Vorwand erfinden
ä Borbs: zärtlich für kleines Kind, abschätzig für klein geratenen Mann
Dingerich: abwertend für Mann, Kerl
Dräggdrähdr: derbe Straßenschuhe
Drallewatsch: Kneipenmeile
Driddchn: elegante, aber unpraktische Damenschuhe (mit deine Driddchn kommste nich weit)

ermäckern: etwas mit letzter Kraft zuwege bringen, bewältigen (ich konnt's grade noch ermäckern)

escha!: Ausruf der Ablehnung oder Verneinung, auch: das kann doch nicht wahr sein! das ist doch nicht möglich!

fichilant: wachsam, klug, pfiffig (ä fichilantes Gärlchen) – vom franz. vigilant

Gaggsch: Spaß (haddn mir ä'n-Gaggsch! ä häbbchn Gaggsch – ein bißchen Spaß)

großmächtch: enorm, riesig

machen: Lieblingswort der Sachsen (sonntags machen mir in'n Wald)

mährn, rummährn: unerträglich langatmig, langweilig; auch: Mährerei, Gemähre, Mährliese

Leipziger Staatwappen

Leibzcher Lobsänger

Das heute in der Welt (nicht nur der sächsischen) bekannteste „Sachsen-Werk" dichtete und sang der Leipziger Kabarettist Jürgen Hart (1942-2002): „Sing, mei Sachse, sing".

Die wichtigsten anderen Dichter sind:

Edwin Bormann (1851-1912)
u.a. „Mei Leibzig low' ich mir!"

Georg Bötticher (1849-1918)
u.a. „Alfanzereien und Allotria". Vater des Schriftstellers und Kabarettisten Joachim Ringelnatz.

Albert Kunze (1872-1954)
„Des alten Knaben Wunderhorn" (da-

rin: „Seifert's Oskar“, „1000 und zwee Worde Säggsch“).

Hans Reimann (1889-1969)
Lebte bis 1923 in Leipzig. Welterfolg mit Buch und Film „Die Feuerzangenbowle“ (Mitautor Heinrich Spoerl), Bestseller wurde aber auch „Sächsische Miniaturen“.

Lene Voigt (1891-1962)
Politisch links stehend, schrieb sie heitere und sozial tiefgründige Verse und Prosa, vor allem in Leipziger Mundart; u.a. „Die säk'schen Balladen“, „Die säk'schen Glassigger“, „Mir Sachsen“, „Vom Pleißestrand nach Helgoland“.

De Gogosbalme

In e Blumdobb reckt de Halme
enne gleene Gogosbalme,
un die denkt so vor sich hin:
Eechentlich hats gar geen Sinn,
daß ich draurich hier in Sachsen
mich so schinde mitn Wachsen.
Streng ich mich ooch noch so an,
Nisse wärn ja doch nich dran.
Das gibt's Glima hier nich här.
Also wachs ich ooch nich mähr.
Druff, zu enden ihre Bein,
ging de gleene Balme ein.

Lene Voigt

Aus dem lieferbaren Mini-Angebot

Kochbüchlein

Apfelessig-Büchlein
Berlin & Mark Brandenburg kulinarisch
Böhmisches Kochbüchlein • Brasilianische Rezepte
Gebackene Desserts • Gemüseraritäten
Gesundes aus dem WOK • Honigbüchlein
Kaffeebüchlein • Kraut und Rüben
Küchenkräuter •Kürbis-Büchlein
Lieblingskuchen • Likör & Pralinen
Mecklenburg-Vorpommern kulinarisch
Mehlspeisenbüchlein • Neues Fischbüchlein
Neues Nudelbüchlein • Neues Reisbüchlein
Noch mehr knackige Salate • Obstexoten
Ostpreußen-Kochbüchlein • Pommern kulinarisch
Sachsen kulinarisch • Sachsen-Anhalt kulinarisch
Salzbüchlein • Sauerkrautbüchlein
Schokoladenbüchlein • Schlesisches
Kochbüchlein • Sektbüchlein • Stollenbüchlein
Teevergnügen • Thüringen kulinarisch
Whiskybüchlein • Würzige Knabbereien
Zuckerbüchlein

Pflanzenbüchlein

Balkonfreuden • Bäume & Sträucher
Heilkräuterbüchlein • Mythos Ginkgo

Kamelienbüchlein • Naturapotheke • Pilzbüchlein
Tulpenbüchlein • Wildfrüchtebüchlein

Der besondere Band

ABC der Zimmerer • August Strindberg
Berlin für die Westentasche
Das kleine Bach-Büchlein
Erzgebirgisches Weihnachtsbüchlein • Geliebte Sisi
Glanz des Schönen • Faust-Zitate
Frühlingsbüchlein • Fußball-ABC • Fürst Pückler
Goethe-Zitate • Die grüne Fee: Absinth
Herbstbüchlein • Hundebüchlein
Das kleine Kamasutra • Katzenbüchlein
Küchenbüchlein • Leipzig für die Westentasche
Liebes Bett • Märchenkönig Ludwig II.
Nietzsche-Zitate • Philosophinnen-Sprüche
Pferdebüchlein • Rainer Maria Rilke
Das kleine Sachsenbuch • Sandmännchen-Büchlein
Schiller-Zitate • Schnupfenbüchlein
Shakespeare-Zitate • Sommerbüchlein
Von Jahr zu Jahr • Wetter- & Bauernregelbüchlein
Weimar für die Westentasche • Weisheiten der Welt
Wilhelm Busch-Zitate • Winterbüchlein

BuchVerlag für die Frau
Postfach 100348 04003 Leipzig